AF382250

CONCILIA TU VIDA AMOROSA Y FAMILIAR

Las claves para preservar la vida en pareja cuando tienes hijos

Por Aurélie Dorchy
En colaboración con Antonella Delli Gatti
Traducido por Laura Bernal Martín

Salud y bienestar · 50MINUTOS.es

¿Qué pone en peligro la vida en pareja cuando tenemos hijos?

¿Cómo hacer exactamente que nuestros hijos respeten nuestra necesidad de intimidad?

¿En qué momentos puedes dejar de lado tu papel de padre?

¿Cómo evitar que tu entorno te culpabilice por la manera de educar a tus hijos?

¿Cómo gestionar la vida en pareja, la profesional y la familiar al mismo tiempo?

¿Cómo hacer que tu pareja sea consciente de que le dedica demasiado tiempo a vuestros hijos?

PRESERVAR LA VIDA EN PAREJA CUANDO SE ES PADRE

¡CONCILIAR LA VIDA AMOROSA Y FAMILIAR ES POSIBLE!

- **¿Problemática?** Estás acostumbrado/a a compartir valiosos momentos de intimidad con tu pareja, pero temes perderlos cuando tengas hijos. Ya tienes hijos y dejas que esta responsabilidad de ahogue. ¿Cómo puedes dedicarte a ellos y conseguir que tu relación amorosa no pierda fuelle?
- **¿Objetivos?** Mantener o reforzar la vida en pareja sin por ello dejar de asumir plenamente el papel de padre.
- **¿Preguntas frecuentes?**
  - Nuestro hijo no quiere dejarnos tiempo para nosotros. ¿Qué hacemos?
  - ¿Podemos considerar la opción de tener un segundo hijo teniendo en cuenta que hemos tenido problemas con la llegada del primero?

- ¿Qué pone en peligro la vida en pareja cuando tenemos hijos?
- ¿Cómo hacer exactamente que nuestros hijos respeten nuestra necesidad de intimidad?
- ¿En qué momentos puedes dejar de lado tu papel de padre?
- ¿Cómo evitar que tu entorno te culpabilice por la manera de educar a tus hijos?
- ¿Cómo gestionar la vida en pareja, la profesional y la familiar al mismo tiempo?
- ¿Cómo hacer que tu pareja sea consciente de que le dedica demasiado tiempo a vuestros hijos?

Hoy en día, las parejas tienen pocos hijos. Pero estos son tan deseados como escasos y suponen una elección real. Sin embargo, la sociedad nos incita a rendir cada vez más, por lo que probablemente quieras parecer perfecto a ojos de tus hijos.

Enseguida respondes a peticiones cada vez más intempestivas de su parte y pasas más tiempo en tu papel de padre que en el de persona a título completo o alimentando tu relación de pareja con momentos enriquecedores. No obstante, ¿es realmente bueno darle todo a nuestros hijos sin tomar nunca tiempo para cultivar tus pasiones o vivir plenamente tu relación con tu pareja, esa persona que te acompaña en esta aventura?

Aunque sin duda alguna es primordial pasar tiempo con vuestros hijos, también sois dos adultos que forman una pareja y que necesitan vivir momentos entre adultos. De hecho, nada os obliga realmente a hablar constantemente sobre el «bebé», la «trayectoria escolar» o las «malas notas del pequeño».

En esta guía aprenderás a volver a tener un espacio para ti y para tu pareja sin por ello descuidar la educación de tus hijos o momentos especiales con ellos. De hecho, no será una cuestión de negligencia sino de una presencia de mayor calidad con tus hijos, ya que habrás sabido recargar tus baterías y tu relación amorosa no caerá en la rutina.

¿POR QUÉ TENDEMOS A DESCUIDAR NUESTRA RELACIÓN DE PAREJA A FAVOR DE NUESTROS HIJOS?

LA PAREJA Y SU DESEO DE TENER UN HIJO

Cada pareja es distinta. Los individuos que las forman tienen cada uno su historia personal, su personalidad y sus deseos. Además, cada uno tiene su propia idea de la manera en la que hay que educarlos. En pareja, estos individuos elaboran una visión de la pareja y de los niños que está constantemente en construcción. Así, el niño ocupará un lugar especial en la pareja en función de la «naturaleza» y de la intensidad con la que desea ese hijo. Pueden darse varios casos.

• Las dos partes desean un hijo, ya sea para vivir nuevas aventuras o para legitimar la pareja o el matrimonio, para transmitirle valores o incluso para paliar consciente o inconscientemente algunas carencias.

- Una de las partes tiene menos deseos de tener un hijo, o incluso no lo desea. Sin embargo, existen parejas en las que uno de los dos, que al principio está poco motivado, acepta con pesar tener un hijo para agradar a su pareja o por miedo a decepcionarla. A veces, cuando uno de los dos no quiere de ninguna forma tener hijos por motivos personales, las parejas se separan para que cada uno pueda seguir con su vida.
- Uno de los dos desea ardientemente tener un hijo porque piensa que este colmará faltas afectivas. Puede que por ello este progenitor se involucre de manera excesiva en la educación de su hijo.

La situación ideal es la de dos personas completamente preparadas para tener un hijo y asumir esta responsabilidad, de manera que no se arrepientan de haber dejado de lado proyectos y sueños y que no se sientan frustradas.

Te proponemos realizar una prueba que, aunque es posible que parezca banal, puede resultar reveladora. De hecho, de lo que se trata es de hacer preguntas a tu pareja para saber lo que piensa sobre la tarea de padre e identificar sus eventuales miedos. Gracias a esta herramienta podrás instaurar un diálogo más constructivo y preparar mejor la llegada de un hijo —a no ser que te des cuenta de que todavía no estás preparado/a—. Si todavía no tienes hijos, es el momento de plantearle las siguientes preguntas a tu pareja:

- ¿Te sientes preparado/a para tener hijos?
- ¿Hay algo que te gustaría hacer antes de tener hijos?
- ¿Qué es lo que más te gusta de la idea de tener un hijo?
- ¿Qué te da más miedo sobre el hecho de tener un hijo?
- ¿Hay alguna actividad en pareja que te gustaría conservar sí o sí al tener hijos?
- ¿Hay alguna actividad individual que te gustaría conservar sí o sí al tener hijos?
- ¿Qué comportamiento del bebé o del niño

sabrías gestionar mejor?
- ¿Qué comportamiento del bebé o del niño te costaría más gestionar?
- ¿Qué mensaje te gustaría transmitirle a tus hijos?
- ¿Estás listo/a para desempeñar el papel de padre/madre?
- ¿Qué no aceptarías por mi parte?

Lo importante es instaurar un diálogo y estar seguro/a de que compartís el mismo deseo antes de lanzaros a la gran aventura que supone el nacimiento de un hijo. En caso contrario, este feliz acontecimiento podría tener consecuencias fatales para tu pareja, ¡así que no os precipitéis!

EL *BABY-CLASH*

Cuando el deseo toma forma y aparece en la vida real, la llegada al mundo de un niño puede cambiarlo todo. El pequeño va a cambiar todos tus hábitos y a cambiar profundamente el curso de tu vida. Además, no es de extrañar que, con su llegada, algunas partes sombrías de los padres emerjan con mayor claridad. Cuando esto se produce, puede ocurrir lo que los expertos llaman *baby-clash*.

El *baby-clash* consiste en la separación de los padres tras el nacimiento de un bebé. Así, en la práctica, muchas parejas acaban enseguida su relación después del parto, sintiéndose superadas por los acontecimientos. Se han asustado con la llegada del hijo y por la sensación de ser incapaces de gestionarla.

Las causas de un *baby-clash* pueden ser diversas y manifestarse tras problemas o conflictos que no habéis sabido gestionar y que se han manifestado de diversas maneras en función de las sensibilidades de cada uno. Si la llegada de un niño no se anticipa correctamente, si nos dejamos invadir por pensamientos negativos sin intentar hablar de ello con un ser cercano en el que confiemos plenamente o con un profesional, si culpamos a nuestra pareja por uno u otro motivo, si la fatiga acumulada con el embarazo y el parto es importante y no se hace nada por remediarlo, puede que lleguéis a una ruptura. De hecho, os arriesgáis a culpar al otro, a desatenderlo o a carecer de las fuerzas necesarias para tratar el problema.

Por eso siempre es necesario comunicarse con la pareja y atreverse a hacerle preguntas concretas para que algunas de tus necesidades se vean colmadas. Tampoco dudes en hablar con personas que han vivido situaciones similares y en pedirles consejo. Tu pareja merece que luches por ella, y más aún si una tercera persona, fruto de vuestro amor, está ahora en juego.

EL PADRE HELICÓPTERO

El concepto de «padre helicóptero» es reciente y se refiere a un tipo de educación caracterizada por la sobreimplicación del padre en la vida de su hijo con el objetivo de alejarle de todo peligro o imperfección.

Algunos progenitores, sobre todo las madres, lo darían todo por sus hijos. Piensan que se trata de un tipo de altruismo absoluto. Sin embargo, esto puede, al contrario, desembocar en una especie de egoísmo y de posesividad que puede llegar a agobiar al hijo. Un típico padre «helicóptero» no soporta que sus hijos se alejen más allá de un cierto límite, hasta el punto de hacer todo lo posible para mantenerlos en casa, a su vista, para asegurarse de que no les pase nada malo. Esta actitud necesita de una vigilancia constante y por ello crea una dependencia en el niño. Todo está hecho para que nunca fracase y para que no le pase nada malo. Por consiguiente, no tiene suficientes experiencias de vida para volverse perfectamente autónomo.

Sin embargo, los niños tienen derecho a vivir su propia vida, ya que si no se corre el riesgo de hacer que crezca la ansiedad en el seno familiar. Hay que admitir que tal grado de exigencia por parte de los padres hacia sus hijos requiere de una enorme cantidad de energía en el día a día para tener un comportamiento irreprochable, tanto unos como otros. Uno de los riesgos que se corre es que el niño haga todo lo posible para alejar a sus padres de la angustia y no se atreva a vivir su propia vida.

Si crees que te encuentras en uno de estos casos, empieza por sentirte orgulloso/a de ser consciente. Vas a poder identificar progresiva-mente situaciones más concretas en las que efectivamente desempeñas el papel de padre helicóptero. En este momento, intenta frenar tus ganas de intervenir, a no ser que un peligro real amenace a tu hijo. Aprende a establecer prioridades. Así, es más importante que tu hijo sepa decir «buenos días» y «gracias» en vez de obligarle a que se ponga botas altas cuando juegue en el jardín.

Como mínimo, tu hijo debe poder cometer errores, incluso si esto puede ser doloroso para todos. En el caso contrario, no hará más que reproducir vuestros consejos sin comprender realmente los motivos y no podrá tomar sus propias decisiones ni encontrar su lugar real en la sociedad. Cuando rellene formularios administrativos o tenga pareja, por ejemplo, muéstrate discreto para que tu hijo se construya un camino por sí mismo. Le gustará más pedirte consejo si no le has dado ya cientos de ellos sin darle tiempo a reflexionar por sí mismo.

¿LOS NIÑOS «MATAN EL AMOR»?

Son muchos los prejuicios que circulan sobre los niños y la manera en que matan la pareja. El propio matrimonio lleva a que las parejas a veces no hagan más que hablar sobre cosas banales. No obstante, tener hijos no arreglaría nada, ya que toda la atención recae en ellos. Esta constatación puede desanimar a algunas personas que, ya de por sí, no estaban muy inclinadas a tener un hijo.

Así, muchos consideran que los bebés afectan a la calidad del sueño de los padres dando chillidos por la noche, que la mujer que se transforma en madre apaga la pasión de su pareja e impide que su sexualidad recupere su puesto, o incluso que uno de los padres debe gestionarlo todo mientras que el otro se desinteresa y se entrega a su trabajo y a sus actividades de ocio. Además, si el niño se comporta mejor con uno de los padres, esto puede llevar a celos y resentimiento.

Desde el momento en que tienen un hijo, los padres pueden extrañamente olvidarse de que son individuos completos y dedicarse en cuerpo y alma a su nuevo papel. Existen distintas explicaciones posibles: algunos adoran simplemente a los niños, otros repiten esquemas que han vivido de pequeños y otros esperan ser perfectos a ojos de sus hijos.

No olvides que no son más que prejuicios y que

está en tu poder escapar de esta, digamos, fatalidad. En efecto, cuanto más nos preocupamos por los detalles del día a día, más vigilamos a nuestros niños para que no les pase nada malo y más nos olvidamos de dedicarle tiempo a nuestra media naranja. La relación se empobrece por falta de atención y se instala una rutina mortífera. Sin embargo, a menudo un pequeño gesto sería más que suficiente para volver a poner orden en tu relación.

No siempre nos atrevemos a hablar de nuestras preocupaciones con los demás. No obstante, es primordial tomarse el tiempo necesario para tomar aire y ver que no somos los únicos en esta situación. Así que, ¿por qué no ver una película que trate este tema con humor, con el fin de tomar un poco de distancia y de reírnos de los problemas de los demás con absoluta ingenuidad?

10 películas que hay que ver para inspirarse y no dramatizar

1. Como la vida misma
2. El plan B
3. Míos, tuyos y nuestros
4. Doce en casa
5. Tentación en Manhattan
6. Nueve meses
7. ¿Qué esperar cuando se está esperando?
8. Si fuera fácil
9. Lío embarazoso
10. La felicidad nunca viene sola

CUANDO EL NIÑO ABANDONE EL NIDO FAMILIAR

Al crecer, el niño crea progresivamente su propio universo y llega el momento en el que desea abandonar el nido familiar. Por fin construye su vida, y los padres ya casi nunca tienen nada que decir. Los dos padres, hasta ese momento demasiado involucrados en su papel, vuelven a enfrentarse a lo que eran al principio, es decir, una pareja como tal. Pero ambos parecen haber olvidado lo que constituía la esencia de la relación, cómo comportarse el uno con el otro.

Esta transición tiene que anticiparse, de la misma manera que la jubilación de uno de los dos. Tendréis que asumir la marcha de vuestros hijos y no intentar retenerlos en casa para evitar volver a estar cara a cara. Sé consciente de este ineludible regreso al pasado y acepta que la adaptación se haga poco a poco.

¿CÓMO RECUPERAR UNA VIDA EN PAREJA ARMONIOSA?

Aunque no es cuestión de descuidar a tu hijo y la sólida educación que se merece, tampoco se trata de dedicarle las veinticuatro horas del día. Sobre todo, no debes olvidar todo aquello que te convierte en mujer u hombre, tus sueños y a tu pareja. Sacrificarte totalmente en tu nuevo papel de progenitor provocará sin duda alguna frustración.

Además, muchas parejas desean conservar la llama y volver a estar el uno frente al otro, pero no lo logran. En efecto, muy a menudo hacen planes a lo grande y esperan tener un día completo —o más— para dedicarse el uno al otro y mostrarse su amor. No obstante, como no es fácil encontrar tanto tiempo, acaban por dejarlo. Sin embargo, diariamente se pueden hacer muchos gestos de amor sin necesidad de desplegar un esfuerzo especial, con todos los momentos cortos pero intensos que pueden extraerse de ellos.

De hecho, cuando hay hábitos establecidos, puede parecer difícil reorganizar cada jornada. Además, ante un problema, a menudo pensamos que habrá que llevar a cabo grandes cambios para solucionarlo. Sin embargo, a menudo son pequeñas cosas las que marcan la diferencia.

¿QUÉ LUGAR OCUPA TU PAREJA EN EL SENO DE TU VIDA FAMILIAR?

Al hacer este test, descubrirás el lugar que le das a tu pareja y a tu vida en pareja a pesar de una vida familiar llena de actividades. Tendrás una idea de lo que implica concretamente y comprenderás hasta qué punto es esencial reequilibrar las relaciones en tu familia.

Preguntas

1. Te vas a la playa en familia y…
- ▲ vigilas las 24 horas la seguridad de tus hijos
- ■ acaricias a tu pareja mientras tus hijos juegan cerca
- ● le confías tus hijos a otra familia para poder dar un paseo en pareja

2. Tu pareja está muy estresada y se vuelve irritable, por lo que tú…
- ▲ le pides que no haga sufrir a los niños
- ■ le pides a los niños que jueguen en silencio para que papá/mamá pueda descansar
- ● le propones a tu pareja una escapada a donde él/ella quiera

3. Tu hijo os sorprende en la cama, y tú…
- ▲ no vuelves a atreverte a dejarte llevar de esa manera
- ■ dejas que pase el tiempo antes de volver a tener relaciones
- ● hablas con tus hijos y vuelves a empezar

4. Los vecinos te dicen que los niños les agotan, y tú…
- ▲ dices que en tu casa los niños son tu alegría
- ■ cuentas tus propias anécdotas al respecto
- ● explicas que los niños te dejan respirar de vez en cuando

Preguntas

5. Tu hijo no deja de buscar captar tu atención llamándote y tú…
▲ respondes a sus peticiones lo más a menudo posible
■ pierdes la paciencia pero no sabes cómo cambiarlo
● te tomas el tiempo necesario para ocuparte de él por completo y luego retomas tus actividades

6. Ves que tu pareja está desbordada con los pequeños, y tú…
▲ también tienes cosas que hacer
■ das algunas órdenes a tus hijos antes de volver a tus cosas
● te encargas de uno de los niños, así la tarea está dividida

7. Últimamente parece que tu pareja está melancólica, por lo que tú…
▲ le pides que se recupere lo antes posible
■ le preguntas regularmente qué le pasa
● hablas con él largo y tendido e intentas no empeorar las cosas

<table>
<tr><th colspan="1" align="center">Preguntas</th></tr>
<tr><td>

8. El día que más te gustaría sería uno en el que...
- ▲ hicieras bricolaje y cocinaras con tus hijos antes de dar un paseo en familia
- ■ jugaras al aire libre con tus hijos y después descansaras en brazos de tu pareja por la tarde
- ● llevaras a tus hijos a casa de su tía y pasaras el resto del día en pareja

</td></tr>
<tr><td>

9. Por la noche, antes de ir a dormir, tienes la costumbre de...
- ▲ leer un cuento a tus hijos, arroparlos, leer y quedarte dormido enseguida
- ■ arropar a tus hijos, ver la tele en pareja y luego dormir
- ● arropar a los niños, hacer una actividad en pareja, mostraros cariñosos y luego dormir

</td></tr>
<tr><td>

10. El defecto de tu pareja que te cuesta más soportar es:
- ▲ su indiferencia en lo que se refiere a cuestiones de familia
- ■ su tendencia a realizar actividades solo sin proponerte nada
- ● el hecho de que se implique demasiado en la educación de los niños y el que no escuche

</td></tr>
</table>

Triángulo: hay poco o casi ningún espacio. En tu casa, todo gira en torno a tus hijos y se le deja poco espacio a la pareja. A veces incluso tomas a tu pareja por otro niño y le riñes si no participa lo suficiente en la logística o en la educación de los niños.

Aunque tienes razón al esperar que tu pareja convierta a vuestros hijos en una prioridad y cumpla su parte del contrato, vigila que su falta de dedicación no se deba al número demasiado elevado de órdenes que le dictas tanto a él/ella como a tus hijos. Puede que vea la educación de otra manera y que por tanto no te apoye completamente. Intenta ver si no necesitaríais los dos desconectar un poco de vuestro papel de padres y reinyectar un poco de ligereza a vuestra rutina.

Cuadrado: un poco de sitio. Aunque insistas en tu papel de padre, hagas lo máximo por que tus hijos se sientan bien y te guste encargarte de ellos, has conservado algunos rituales de pareja a los que también te aferras. Probablemente te parezca difícil gestionarlo todo siempre, pero tienes en consideración lo que siente tu pareja y tus ganas de pasar tiempo juntos.

Sin embargo, cuando estáis un poco superados por los acontecimientos, vuestras actividades en común se resumen a menudo a ver la televisión juntos o a abrazaros discretamente en un lugar un poco apartado. Para poner algo de sal, intentad organizar una noche por semana en la que la televisión sea reemplazada por otro pasatiempo; reafirma también los deseos de tu pareja.

Círculo: un lugar preponderante. Parece que has hecho un hueco tanto para tus hijos como para tu pareja, con la que sigues manteniendo una relación rica, llena de momentos en pareja, de conversaciones profundas y de ratos relajados muy agradables. Por supuesto, esto no quita que no te ocupes correctamente de tus hijos, pero puede que estos disfruten de un poco más de libertad o que participen más en las tareas del hogar que en otras familias. Continúa alimentando tanto tus relaciones parentofiliales como tu relación de pareja. No obstante, un consejo: mantente a la escucha de tus hijos para poder estar presente si te necesitan.

MOMENTOS VALIOSOS CON TUS HIJOS

Los primeros meses después del nacimiento, es normal que la madre y el niño vivan en simbiosis: los últimos nueve meses han sido intensos para los dos. Sin embargo, en el futuro, puedes plantearte retomar una vida propia y separarte un poco de esta relación de fusión que puede haberse creado entre tu hijo y tú. Piensa que este no necesita tu presencia constante: por consiguiente, puedes dejarlo con una persona cercana para dedicarte durante un rato solo a ti mismo y recuperar tu vida en pareja.

A continuación, hay que asegurarse de que la educación de los niños se haga correctamente y en concierto con tu pareja. A lo largo de los años, vuestro objetivo es aseguraros de que el niño sea capaz, poco a poco, de entretenerse solo, que haga amigos con los que pueda pasar el tiempo, etc. En lo que a ti respecta, es normal que le dediques atención a tu hijo, sobre todo jugando con él y sin llegar a agobiarlo. De hecho, el objetivo no es estar todo el tiempo a su lado, lo que sería nefasto tanto para él como para tu pareja y para ti. Te arriesgas a alternar momentos en los que estás totalmente a su escucha con otros en los que sus peticiones constantes te agotan, hasta el punto de que fantaseas con dejarlo de lado. En este punto, lo importante es que cada uno de vosotros recupere su independencia, para poder así conservar una relación paternofilial sana.

¿Por qué no tener momentos realmente valiosos con tu hijo? Quédate con él un tiempo limitado, unos 25 minutos, perfectamente concentrado/a en los juegos que compartís y, a continuación, vuelve a dedicarte a tus cosas. Así, como el niño se siente plenamente reconocido y satisfecho, te dejará tranquilo/a: ¡no te olvides de privilegiar la calidad por delante de la cantidad!

MOMENTOS VALIOSOS CONTIGO MISMO/A

Ahora que has instaurado momentos concretos que permiten compartir una complicidad con tus hijos, puedes pensar en reencontrarte contigo mismo/a a través de tus deseos y de tus pasiones.

Como cuentas con un tiempo justo —entre tu vida profesional y personal—, piensa primero en pequeñas burbujas de aire. Lee unas cuantas páginas de una novela, toca una partitura o lánzate a un proyecto que precise de cinco minutos de atención al día. A medida que recuperas el placer y que tus hijos crecen, podrás sacar más tiempo y dedicarte a actividades más consecuentes.

De vez en cuando, permítele a tu pareja evadirse cuidando a los niños hasta que vuelva: ¡te lo agradecerá! No dudes en pedirle que te devuelva el favor para que no sea siempre la misma persona la que lo haga por el otro. Piensa que los dos necesitáis momentos solo para vosotros para sentiros satisfechos como individuos, fuera de vuestro papel de padres.

DETALLES CON TU PAREJA

Has instaurado momentos de complicidad con tus hijos y eres capaz de sacar tiempo para cuidarte a ti mismo/a con una ocupación agradable. Ahora es el momento de abrirte a tu pareja.

Para empezar, parte del principio de que no le conoces completamente. No te dice constantemente lo que piensa profundamente, lo que siente en ciertas situaciones, etc. A pesar del hecho de que, evidentemente, vuestro hijo ocupa un lugar importante en su vida, es probable que tu pareja desee en secreto recuperar su lugar junto a ti y como parte de la pareja, pero que no sepa cómo hacerlo.

Aunque la proporción varía de una persona a otra, todo el mundo necesita vivir momentos de calidad y recibir regularmente detalles de su pareja que, como tú, necesita que expreses tu amor de una u otra forma. Dependiendo de las preferencias, esto puede hacerse con caricias, regalos, actos, momentos privilegiados y palabras reconfortantes. Si miras tu situación con perspectiva, te darás cuenta de que es posible dedicarle a tu pareja momentos de felicidad varias veces a la semana sin que sea necesario ningún tipo de esfuerzo.

Cuando tu hijo te llame para jugar con él, ¿no puedes primero darle un beso a tu pareja? Cuando busques un regalo para tu hijo, ¿por qué no buscar otro para tu pareja y matar dos pájaros de un tiro? Cuando prepares todo para una excursión en la otra punta del país que haga las delicias de tu hijo y de sus amigos, ¿acaso tu pareja no tiene también derecho a una escapada? El fin de semana consta de dos días completos en los que es posible dedicarle un rato a todo el mundo.

Finalmente, si a tu pareja le gustan las palabras de amor o apoyo puntual, durante la semana habrá momentos para expresar tu afección. El objetivo no es impresionarle una sola vez, sino agradarle regularmente.

LA CALIDAD POR ENCIMA DE LA CANTIDAD

Un momento de calidad puede durar tanto cinco minutos como un día entero. Tú decides cuánto dura en función de la actividad y de tus deseos. Se trata simplemente de un momento en el que le dedicarás toda la atención a una persona a la que quieras o incluso a ti mismo.

Durante este momento, inviértete de lleno en una actividad que haya sido elegida en acuerdo común: salir a tomar algo, contar cómo te ha ido el día, mostraros cariñosos, jugar a un juego de mesa, visitar una exposición, etc. La lista puede alargarse hasta el infinito: lo importante es que te guste y que os deje un buen sabor de boca a los dos.

El objetivo es pasar un buen rato en el que todos podáis reponer fuerzas sin que haya interrupciones: piensa en aislarte de cualquier distracción, especialmente del teléfono o de internet. En resumen, de lo que se trata es de dedicarte a ti mismo/a un momento en el que simplemente desconectes del mundo, un momento en el que vivas plenamente, sin que el exterior te distraiga.

Recuerda que tus hijos se irán un día de casa, pero que tu pareja seguirá ahí. Por lo tanto, merece la pena devolver a tu pareja a un primer plano.

«Nosotros seguimos sacando tiempo para estar en pareja. Esperamos a la noche para prepararnos un aperitivo, una cena y abrazarnos viendo la tele. Dejamos a nuestro hijo con nuestra familia, que comparte nuestras visiones educativas. Aprovechamos las pequeñas cosas, como darnos un beso cuando nos cruzamos en el pasillo, un papelito escondido en la mochila de deporte, etc.» (Lucie, 29 años).

PEDIR AYUDA SI ES NECESARIO

En algunas parejas, uno de los dos puede parecer

que no se interesa en los niños. Entonces, es probable que experimentes un sentimiento de injusticia y de abandono que te cueste esconder. ¿Cómo puede ser que tu otra mitad no te ayude, en un momento en que es más que evidente que tú no eres capaz de gestionarlo todo?

Aunque parezca evidente, no creas que sabes todo lo que siente tu pareja. Plantéate que es posible que le cueste encontrar su lugar en el seno de la familia. Si nunca le pides ayuda, tendrá la impresión de que puedes con todo y se sentirá inútil. A pesar de que es difícil verbalizar todas tus necesidades, sin duda te sorprenderá ver todo lo que tu pareja está lista a hacer si le haces peticiones concretas. Entonces, se alegrará de poder participar plenamente en la educación de vuestros hijos y en tu equilibrio personal.

De la misma manera, puede que tu pareja sienta un poco de estrés por culpa de sus actividades en el exterior, algo que el imperativo de ser perfecto que siente en casa puede agravar. Puede que tenga miedo de ser «un mal padre» o «una mala madre». ¿Acaso no se merece que alguien le escuche para liberarse de todo eso que le satura? Cuando no se encuentra directamente una solución a un problema de fondo, pasar tiempo juntos y hablarlo ya marcará una diferencia. Por lo tanto, independientemente de las dificultades con las que te encuentres, nunca olvides comunicarte con tu pareja. Te sorprenderá darte cuenta de hasta qué punto un buen diálogo puede aliviarte del peso con que cargas a tus espaldas.

BUSCAR A ALGUIEN QUE SE ENCARGUE DE CUIDAR A TU HIJO

Al modificar progresivamente tu modo de vida, tu relación con tu pareja debería volver a funcionar. Además de los pequeños detalles que tengáis entre vosotros, procura reservar momentos en los que estéis solos. De hecho, aunque es loable pasar tiempo en familia y enseñarles nuevas actividades a tus hijos, tienes todo el derecho del mundo a vivir plenamente tu vida de adulto.

La primera etapa consiste en determinar si quieres pasar la tarde en casa o si prefieres hacer algo fuera, ya sea una velada o una escapada de fin de semana. Una noche de videojuegos, de juegos de mesa o un *city trip*: ¿qué te apetece? Cuando hayas tomado tu decisión, intenta no abandonar tu idea ante la primera dificultad que se te presente (fines de semana demasiado ocupados, niño enfermo, mal tiempo, etc.), ya que si no corres el riesgo de no hacerlo nunca.

> «Cuando se tienen hijos ya no es posible quedarse durmiendo hasta tarde como antes. Sin embargo, si uno se organiza bien, siempre es posible hacer escapadas cuando se quiera. De hecho, siempre hemos conseguido irnos de vacaciones, ya sea solos, en pareja o con los niños» (Pascale, 41 años).

La segunda etapa es la oportunidad de redactar una lista de personas de tu entorno en las que confiarías lo suficiente como para dejarles a tus hijos. Puede ser un pariente, un amigo o un cuidador de niños. Lo ideal es contar con varios contactos para que no sean siempre los mismos los que se ocupan de tu familia.

Si te preocupas mucho por tu hijo, intenta despegarte de él poco a poco. Aprende a confiar en otros padres y evita llamarle en cuanto te preocupes. Recuerda que cuando le cuida otra persona, el niño descubrirá otras maneras de funcionar y vivirá experiencias propias que le abrirán la mente. Cuando volváis a veros, tendréis muchas cosas que contaros.

UN TRABAJO DIARIO

Existen muchas maneras de alimentar la relación contigo mismo/a, con tu pareja y con los niños.

- **Contigo mismo/a**
  - Reflexionar sobre tu concepto de pareja y de la educación de los niños.
  - Pedir ayuda, delegar cuando es posible.
  - Pedirle a tu pareja que cuide a los niños.
  - Permitirte leer un libro, cuidarte haciendo deporte, etc.
  - Tomar distancias cuando una situación no esté bien y atreverte a hablar de ello.
  - Formular de manera precisa tus deseos y encontrar soluciones concretas y originales.

- **Con tu pareja**
  - Tomarte el tiempo necesario para comunicarte cuando algo no va bien.
  - Mostraros cariñosos o ver la televisión abrazados por la noche.
  - Escribir palabras de amor en pósits pe-

gados por toda la casa.
- ° Darle una sorpresa a tu pareja (un libro, una estatuilla, un bombón, etc.).
- ° Hacerle cumplidos.
- ° Compartir momentos juntos: juegos de mesa, exposiciones, cine, paseos, clases de bailes de salón, cocina, etc.
- ° Cuidar a los niños mientras tu pareja se dedica a sus actividades.

- **Con tus hijos**
  - ° Estar completamente disponible durante un tiempo concreto y breve.
  - ° Jugar a un juego juntos.
  - ° Leer una historia.
  - ° Contarle tu historia de amor con tu pareja.
  - ° Elegir a un cuidador de niños que le guste a todo el mundo.

INCULCAR EL RESPETO A LA INTIMIDAD

Como pareja, tienes derecho a pedirle intimidad a tus hijos. Para ello, estos últimos pueden ocupar una parte de la casa mientras tú te encuentras en otra durante un período de tiempo concreto. Aquí, saberse comunicar es fundamental. El mensaje que hay que transmitir es que se trata de un momento importante para ambos que tus hijos tienen que respetar.

Si sientes que se resisten, ya que puede que estén acostumbrados a pedirte cosas con frecuencia, insiste. No dudes en aclararles que tu intimidad puede interrumpirse si se encuentran con un problema concreto y real, pero no cuando no encuentran una camisa o no quedan patatas fritas en el armario. Este proceso enseña al niño a no invadir la vida de sus padres y a respetar su intimidad. No olvides que, si has compartido un momento privilegiado con tu hijo de antemano, este último será más propenso a dejar que disfrutes del momento. Cuando sus necesidades y su seguridad estén garantizadas, ¿qué podría impedirte pasar algo de tiempo con tu pareja en vuestra habitación?

Atrévete también a cerrar las puertas para delimitar tu territorio. En familias más bien fusionales en las que se tiende a hacer vida en el salón, escaparte de vez en cuando no impide de ninguna manera mostrarte convival en otros momentos.

¿En qué situación te encuentras tú? Si no eres capaz de dedicarte estos breves descansos, el cuestionario que te proponemos a continuación te permitirá señalar dónde está el problema. Además, verás enseguida que es posible realizar actos concretos para darle la vuelta a la situación si esta última es una carga y llegar a una mejora. Muéstrate atento a las razones por las que te has dejado invadir por tus hijos. Algunas son más profundas que otras y puede que merezca la pena hablar de ellas con tu pareja o que profundices en las mismas con un psicólogo.

¡HAZTE PREGUNTAS!

¿Qué lugar ocupan tus hijos en tu día a día?

- ¿En qué momentos te parece que tus hijos invaden tu vida en pareja?
- ¿Ya has intentado cambiar las cosas? Sí – No
- Si la respuesta es negativa, ¿por qué no lo has intentado?
  - mis hijos no me escucharían;
  - cambiar las costumbres es duro;

- ° no tengo derecho a pedir tiempo para mí mismo/a;
  - ° la verdad es que nunca había pensado en ello;
  - ° el tiempo que paso con mis hijos cuenta más para mí que mi vida privada o en pareja;
  - ° otros.

- En caso de respuesta afirmativa, ¿qué hiciste y por qué no funcionó, en tu opinión?
- Hoy en día, ¿qué harías para recuperar las riendas de tu vida en pareja? ¿Qué ideas, pequeñas o grandes, se te ocurren? No dudes en ponerlas en práctica. Deberías ser capaz de cambiar las cosas probando distintas actitudes y acercándote progresivamente al cambio que buscas. Incluso pequeños gestos son buenos para cumplir tus objetivos.

GESTOS DE AFECTO COTIDIANOS

Algunas parejas se sienten incómodas abrazándose delante de su hijo. Piensan que «eso no se hace» o les parece extraño besarse ante ojos inocentes. Solo está permitido tocarse en la habitación conyugal.

Sin embargo, expresaros algo de ternura puede darle garantías a tu hijo del amor que os profesáis el uno al otro. Muchos se imaginan que sus padres ya no se quieren de verdad porque nunca les han visto mostrándose cariñosos el uno con el otro. Algunos pueden incluso sentirse culpables, convencidos de que sus padres ya no se quieren porque ellos han hecho algo mal.

Para que tu hijo no tenga la impresión de que el amor y las relaciones duraderas no existen, atrévete a mostrar tu amor en público. Manteniendo la costumbre de mostraros cariñosos o acariciaros cuando tengáis ganas, te das la oportunidad de mantenerte cerca de tu pareja, con la que formas una pareja sólida que se quiere.

Por supuesto, evidentemente tienes derecho a decidir qué es bueno para vosotros como pareja. Lo esencial es que ambos os sintáis cómodos en vuestra relación. Si sois una pareja poco táctil, es normal que no tengáis la necesidad de compartir caricias regularmente. Por el contrario, si a los dos os gusta expresar vuestra ternura, lo más importante es que no os privéis de hacerlo.

En los casos en los que una de las dos partes de la pareja se exprese a través del tacto mientras que la otra sea más púdica, observa qué gestos puedes realizar para agradar a tu pareja al tiempo que tú te sientes a gusto. No te obligues nunca a hacer algo que te moleste. Existen todo tipo de gestos que pueden respetar los deseos de ambos, desde abrazos suaves hasta otros más intensos, pasando por caricias. Aprended a explorar esta paleta de posibilidades juntos y averiguad qué os gusta a los dos.

En otro registro, el de la sexualidad, existen parejas que no llevan bien la pérdida de la libido que puede darse después del parto. Dormir bien cuando se tiene un bebé que llora constantemente por la noche se convierte en una batalla y el pragmatismo reemplaza al romanticismo, mientras que el padre a menudo tiene la impresión de que su pareja se esfuerza menos por gustarle y lo descuida en beneficio del bebé.

Sin embargo, al final, la experiencia sexual de una pareja con niños puede ser más rica si uno se hace a la idea de que será un poco distinta. Es posible tener momentos sensuales: lo principal no es la duración y la cantidad de estos momentos, sino su existencia. Tocarse, hacer ver que el otro nos gusta, tomar un baño juntos, etc., son actitudes que pueden ponerse en marcha para que la sexualidad de la pareja siga siendo satisfactoria.

A GRANDES PROBLEMAS, GRANDES SOLUCIONES

Si los pequeños gestos no bastan para insuflar de nuevo felicidad a tu pareja, mira más de cerca tu historia personal. Por ejemplo, puedes hacerlo mediante un psicoterapeuta o sesiones de constelación familiar.

La constelación familiar es un método que se practica durante sesiones regulares, en grupo o individualmente, o mediante prácticas que invitan a explorar el historial familiar. Gracias a esta actividad terapéutica, entenderás mejor algunos comportamientos problemáticos que puedes manifestar y los motivos por los que no logras ser tú mismo/a. Durante las sesiones, alguien desempeña el papel de tu familiar con el objetivo de que te enfrentes a la realidad y salga a la luz aquello que bloquea los comportamientos que has puesto en marcha y de los que te gustaría deshacerte, ahora que no tienen razón de ser.

Las terapias conyugales o familiares también son herramientas poderosas para comprender los bloqueos y los mecanismos que minan tu vida en pareja o familiar con el fin de remediarlos progresivamente. Para beneficiarte de tal ayuda, evidentemente tienes que hablarlo con tu pareja y con tus hijos para explicarles la importancia que esto tiene para ti y para la familia.

Evidentemente, tienes que elegir la terapia que te parezca más apropiada en tu situación, pero también aquella que tendrías más tendencia a llevar a cabo y a mantener a largo plazo. Es muy importante que te sientas a gusto durante tales procesos.

Sin embargo, existen algunos trucos y gestos que son fáciles de realizar para mantener una relación de pareja sana: puede que algunos consejos basten para preservar tu vida en pareja sin la necesidad de que intervenga un profesional. También te ofrecemos diez trampas en las que no hay que caer a menos que sean situaciones que os convengan a ambos… ¡porque cada pareja es un mundo!

<table>
<tr><td colspan="2">10 trampas que hay que evitar</td></tr>
<tr><td>1.</td><td>Llamar a la pareja «papá» o «mamá», ya que te arriesgas a olvidar que es ante todo tu pareja y hacerle desempeñar un papel que no es apropiado.</td></tr>
<tr><td>2.</td><td>Que los niños sean el único tema de conversación.</td></tr>
<tr><td>3.</td><td>Que los niños puedan dormir en vuestra cama.</td></tr>
<tr><td>4.</td><td>Dejarse llevar y no volver a cuidarse.</td></tr>
<tr><td>5.</td><td>Dejar que un problema empeore con el tiempo.</td></tr>
<tr><td>6.</td><td>Excluir al padre de la relación mamá-bebé.</td></tr>
<tr><td>7.</td><td>Responder a todas las peticiones de tu hijo.</td></tr>
<tr><td>8.</td><td>Querer hacerlo todo solo/a.</td></tr>
<tr><td>9.</td><td>Tener la casa completamente llena de juguetes, lo que da la impresión de que tu casa le pertenece más a los niños que a ti.</td></tr>
<tr><td>10.</td><td>Burlarse de los errores de tu pareja delante de su familia, de vuestros hijos o de sus amigos.</td></tr>
</table>

10 actitudes que hay que poner en marcha

1. Establecer pequeños rituales en pareja.
2. Cuidar vuestra sensualidad y sexualidad.
3. Ya que no podéis dormir bien por la noche, dormid la siesta juntos.
4. Hablad y compartid placeres comunes, incluso si el tiempo es limitado.
5. Organizar tus salidas de antemano. De esta forma, puedes estar seguro de que pronto tendréis un momento solos y podréis relajaros.
6. Aprovechar los momentos en los que tu hijo duerme o juega en su espacio.
7. Hacer una lista de cuidadores de niños potenciales que te permitirán salir de vez en cuando con tu pareja.
8. Reducir algunas exigencias vinculadas al niño: ¡ningún padre es perfecto!
9. Comunicarse al máximo con la pareja.
10. Pensar en relajarse en cuanto haya una sobrecarga para no explotar.

Lo importante es que encuentres tu propio equilibrio gracias a estos consejos y que sepas qué os conviene como pareja. Por lo tanto, no olvides que el nacimiento de un niño no significa el fin de tu vida amorosa, sino el pistoletazo de salida que anuncia un nuevo comienzo.

PREGUNTAS FRECUENTES

NUESTRO HIJO NO QUIERE DEJARNOS TIEMPO PARA NOSOTROS. ¿QUÉ HACEMOS?

Preguntaos si, con el paso del tiempo, no habéis sido responsables de que tu hijo haya invadido vuestra vida en pareja. No tenéis que culpabilizaros, sino comprender cómo ha ocurrido. Es normal que, en las interacciones familiares, uno sea falible en ciertos momentos, pero esto no significa que la situación sea irremediable.

Para tener tiempo para vosotros, tenéis que reafirmar progresivamente vuestro lugar en el seno familiar. Además de padres, mostrad que también sois individuos completos con vuestros propios centros de interés, y también una pareja que se quiere y que tiene actividades propias.

Instaurad progresivamente rituales que muestren a tu hijo que estáis ocupados y que él debe entretenerse solo por el momento. El objetivo no es mantenerle al margen constantemente, sino que haya tiempo para todo: para jugar con vuestros hijos, para que juegue solo mientras te ocupas de tus cosas o para que compartáis momentos en pareja.

Has de saber que puede que necesites tiempo y algo de comunicación para volver a una situación más agradable para todos, pero el camino vale la pena, ya que, por una parte, le permitirá a tu pareja renacer y, por la otra, le permitirá a tu hijo a contar menos contigo y ser más autónomo.

¿PODEMOS CONSIDERAR LA OPCIÓN DE TENER UN SEGUNDO HIJO TENIENDO EN CUENTA QUE HEMOS TENIDO PROBLEMAS CON LA LLEGADA DEL PRIMERO?

El que tu primera experiencia como padre te haya causado muchos problemas no es motivo suficiente para evitar un segundo bebé. Sin embargo, está bien que te lo preguntes con el fin de no revivir las mismas situaciones problemáticas.

En primer lugar, procura hablarlo bien con tu pareja para identificar aquello que no ha ido bien la primera vez y el motivo por el que deseas un segundo hijo. Asegúrate de que ambos estáis listos para ser padres por segunda vez teniendo en cuenta vuestros proyectos personales, los acontecimientos pasados y vuestros límites.

Si deseáis un segundo hijo solo para hacerlo mejor que la primera vez, probablemente no sea una buena idea y sea mejor reflexionar sobre la manera de mejorar la situación de tu familia tal y como es en la actualidad, para que todos os sintáis lo mejor posible, encontréis vuestro lugar y os sentáis reconocidos.

En todo caso, si has experimentado dificultades con el nacimiento de tu primer hijo, esto no quiere decir que vayas a tener aún más dificultades con la llegada del segundo. Lo esencial es dialogar atreviéndose a decir lo que se piensa, pedir ayuda a otros padres o a psicólogos y no dudar en descartar la posibilidad de tener un segundo hijo si no te sientes listo/a.

¿QUÉ PONE EN PELIGRO LA VIDA EN PAREJA CUANDO TENEMOS HIJOS?

Lo que pone en peligro la vida de pareja cuando tienes hijos es centrarse en estos últimos constantemente y dejar de alimentar tu vida interior y tu relación amorosa: ya no organizáis momentos juntos, ni siquiera en casa.

En lugar de preguntarle a tu pareja sobre cómo ha ido su día, qué le gusta y qué le preocupa, hablas todo el rato sobre los éxitos y fracasos de tus hijos, las compras que hay que hacer para la vuelta al cole y las preocupaciones a nivel educativo. Así, te olvidas de tu vida en pareja y de tu vida como mujer u hombre que eres, algo que acarrea consecuencias.

¿CÓMO HACER EXACTAMENTE QUE NUESTROS HIJOS RESPETEN NUESTRA NECESIDAD DE INTIMIDAD?

Para que se respete nuestra necesidad de intimidad ante nuestros hijos, hay que decidir horarios en los que especifiques que no quieres ser molestado. Explica en términos simples que deseas pasar tiempo con tu pareja.

Por otra parte, concreta las habitaciones a las que no podrán entrar durante ese lapso de tiempo y, si temes que tu necesidad de intimidad no se respete y que tus hijos entren para hacerse los valientes en la habitación en la que estás, no dudes en cerrar la puerta con llave. Finalmente, enseña rápido a tus hijos a llamar antes de entrar. De todas formas, añadid que siempre estás disponibles si te necesitan.

¿EN QUÉ MOMENTOS PUEDES DEJAR DE LADO TU PAPEL DE PADRE?

Aunque ahora seas padre/madre a tiempo completo, no estás obligado a estar omnipresente en la vida de tus hijos. Incluso si los medios de comunicación y algunas personas te dan la impresión de que siempre podrías hacer más y mejor, que sepas que cada familia es distinta y que emplear la carta de la perfección a veces puede tener resultados nefastos.

Cuando tu hijo se entretiene solo en su habitación, cuando se divierte con sus hermanos y hermanas en la sala de juegos o cuando pasa unos días en casa de un miembro de la familia o en casa de amigos, ¿por qué no aprovechar para relajarse? Aunque no sea siempre fácil, confía en tus hijos y en los que se ocupan de ellos. Cuando se hayan dado los consejos básicos, sabrán identificar solos los peligros y evitarlos: sobreprotegerlos constantemente les impide tener sus propias experiencias de vida y ser autónomos.

Si eres un padre protector, has de saber que supervisar a tus hijos es muy distinto a intervenir constantemente, incluso antes de que aparezcan las dificultades. Dejándolos vivir libremente tendrán más ganas de hablar contigo si tienen un problema. Al principio, no dudes en implicar a tu entorno para que esté pendiente de tu hijo y para que te advierta si realmente muestra un comportamiento que implica riesgos.

¿CÓMO EVITAR QUE TU ENTORNO TE CULPABILICE POR LA MANERA DE EDUCAR A TUS HIJOS?

En tu entorno, algunos tienden a predicar cómo educar a los niños o a entrometerse en lo que no les concierne. Incluso aunque su intención no sea mala, puedes sentirte progresivamente culpable por funcionar de manera distinta. No obstante, es difícil cambiar el comportamiento de los demás. Has de saber escuchar lo que se te dice y separar aquello que merece la pena de lo que no.

Si sientes que tu familia va bien, ¿por qué cambiar solo porque los otros lo hacen de otra manera? La presión de los medios de comunicación o del entorno a menudo provoca que te hagas a ti mismo preguntas que al final resultan ser inútiles cuando estás feliz siendo como eres. No tienes que rendirle cuentas a nadie, y el hecho de que otros padres sean muy protectores con sus hijos no quiere decir que tengas que hacer lo mismo con los tuyos. Aunque en la sociedad puedan observarse tendencias, como la de los padres helicóptero, por ejemplo, todo depende siempre del contexto y de las aspiraciones de cada uno. ¡Las familias se suceden pero nunca son las mismas!

¿CÓMO GESTIONAR LA VIDA EN PAREJA, LA PROFESIONAL Y LA FAMILIAR AL MISMO TIEMPO?

Gestionar el tiempo no es fácil. En casa, los padres pueden tener la impresión de estar en pie de guerra desde que se levantan hasta que se acuestan sin tener nunca tiempo para ellos mismos; algunos padres que trabajan en el exterior, por su parte, pueden lamentar no dedicarle tiempo suficiente a sus hijos.

En ambas situaciones, la vida en pareja puede sacrificarse en nombre de una disponibilidad máxima para los niños. En este caso, toma un poco de distancia para identificar las actitudes cronófagas, como la de querer supervisar absolutamente todos los momentos de juego de tus hijos, y reemplázalas por momentos de calidad en pareja. Aunque sean breves, ¡siempre valdrán la pena y serán mejores que nada de nada!

¿CÓMO HACER QUE TU PAREJA SEA CONSCIENTE DE QUE LE DEDICA DEMASIADO TIEMPO A VUESTROS HIJOS?

Para tu gusto, tu pareja se ocupa demasiado de los niños y esto te pesa. Es normal compartir lo que sientes con él/ella para encontrar la base de una solución. Puede que no se dé cuenta de que te sientes apartado.

Para comunicar lo que sientes y estar seguro/a de que te escucha, no dudes en hablar aparte con tu pareja y asegurarte de que te escucha totalmente. A continuación, emplea las formas adecuadas, es decir el «yo» en vez del «tú» acusador. El «tú te ocupas demasiado de los niños» se convierte en «tengo la sensación de que nuestra relación está en modo de espera desde que tenemos hijos» o «me siento apartado/a cuando los niños están aquí». Expresa de la manera más clara posible lo que te gustaría realizar en tu vida cotidiana con tu pareja.

Propón a continuación soluciones que puedan veniros bien a los dos. No esperes de tu pareja que cambie completamente de actitud de un día para otro; en vez de eso, fija objetivos delimitados y progresivos. No dudes en reconocer su trabajo y en animarlo cuando hace esfuerzos.

¡Tu opinión nos interesa!
¡Deja un comentario en la página web de tu librería en línea,
y comparte tus favoritos en las redes sociales!

PARA IR MÁS ALLÁ

FUENTES BIBLIOGRÁFICAS

- Bodenmann, Guy. 2003. *Une vie de couple heureuse.* París: Odile Jacob.

- La ligue des familles. 2016. "Comment le couple peut surmonter le 'baby clash'?". *La ligue des familles.* Consultado el 29 de agosto de 2017. https://www.laligue.be/leligueur/articles/comment-le-couple-peut-surmonter-le-baby-clash

- Devienne, Emilie. 2007. *Être femme sans être mère. Le choix de ne pas avoir d'enfant.* París: Robert Laffont.

- Fernandez, Ysidro. 2005. *Proverbes psy pour mieux vivre.* París: Eyrolles.

- Gordon, Thomas. 2013. *Parents efficaces. Les règles d'or de la communication entre parents et enfants.* Vanves: Marabout.

- Nemet-Pier, Lyliane. 2015. *Aimer ses enfants sans se laisser dévorer.* París: Albin Michel.

- Pellé Douel, Christilla. 2015. "Les enfants détruisent-ils la vie intime?". *Psychologies.* Noviembre. Consultado el 29 de agosto de 2017. http://www.psychologies.com/Couple/Vie-de-couple/Au-quotidien/Articles-et-Dossiers/Reussir-savie-de-couple/Les-enfants-detruisent-ils-la-vie-intime/7-Les-enfants-sont-faits-pour-partir-le-couple-est-fait-pour-durer

- Purves, Libby. 1994. *Comment ne pas être une famille parfaite*. París: Pocket.

- Salomé, Jacques. 2015. "Enfermée dans votre rôle de mère". *Psychologies*. Consultado el 29 de agosto de 2017. http://www.psychologies.com/Famille/Etre-parent/Mere/Articles-et-Dossiers/Enfermee-dans-votre-role-de-mere

- Vaineau, Anne-Laure. 2016. "5 conseils pour éviter le baby-clash". *Psychologies*. Noviembre. Consultado el 29 de agosto de 2017. http://www.psychologies.com/Famille/Etre-parent/Equilibre-du-couple/Articles-et-Dossiers/5-conseils-pour-eviter-le-baby-clash/4Parvenir-a-faire-equipe